Wolfgang Amadeus Mozart
(1756-1791)

# Sonaten, Fantasien und Rondi

für Klavier · for piano · pour piano

# II

Urtext

Herausgegeben von · Edited by · Edité par
István Máriássy
K 104
Könemann Music Budapest

# INDEX

## I

# INDEX

## II

# Sonate in B

## KV 333 (315ᶜ)

Allegro

Linz, 1783

**6**

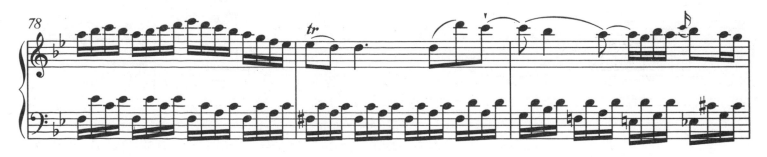

**8**

K 104

11

**Andante cantabile**

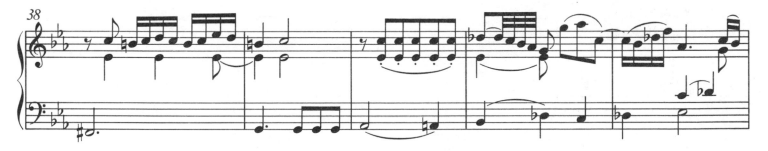

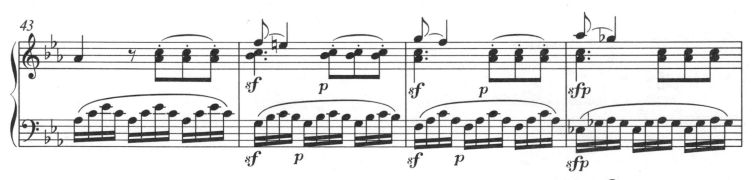

**14**

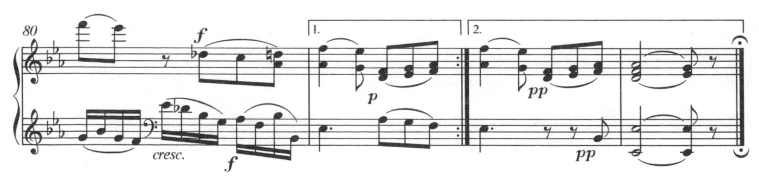

**Allegretto grazioso**

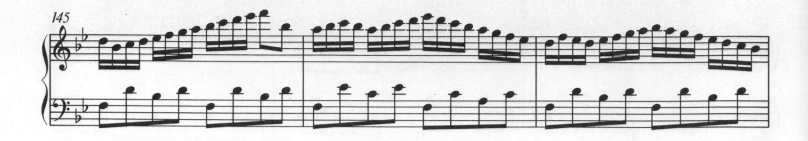

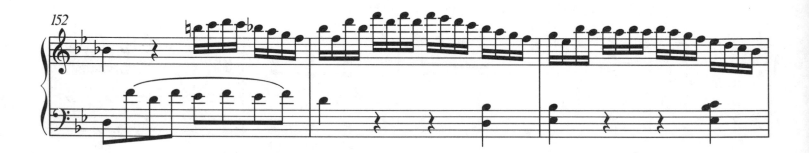

22

Cadenza in tempo

dolce

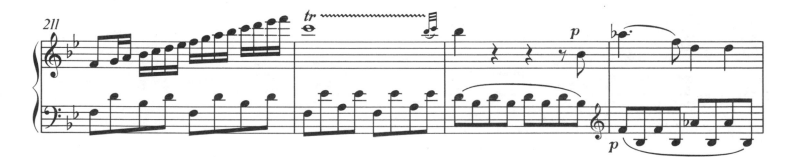

# Sonate in c

## KV 457

Wien, 1784

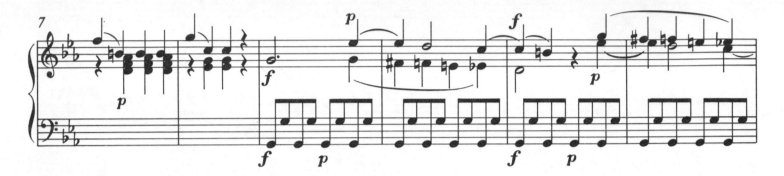

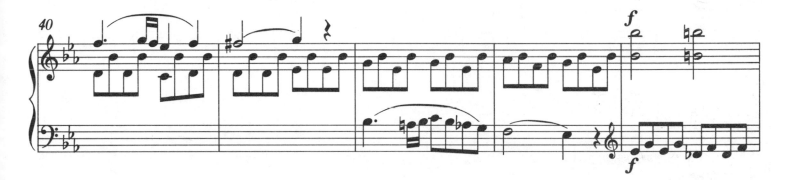

K 104

29

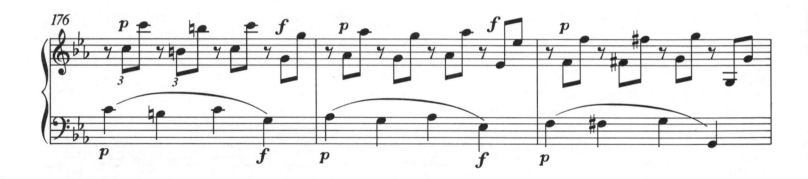

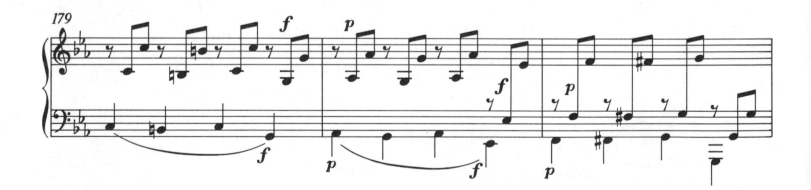

34

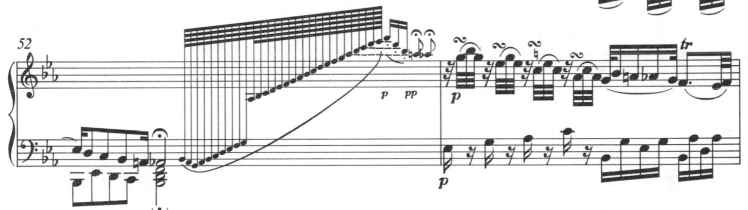

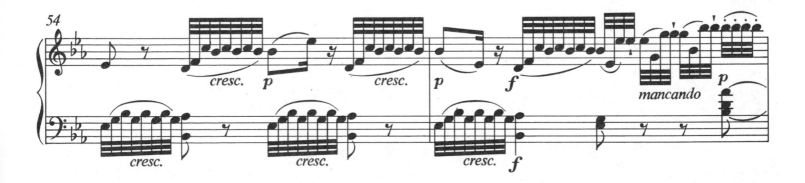

**Allegro assai**
*agitato*

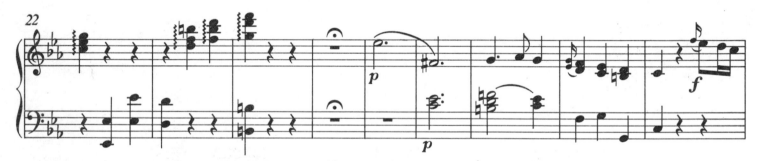

38

K 104

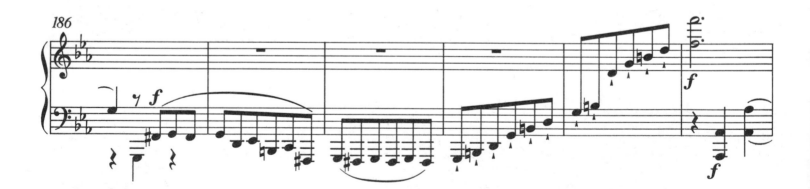

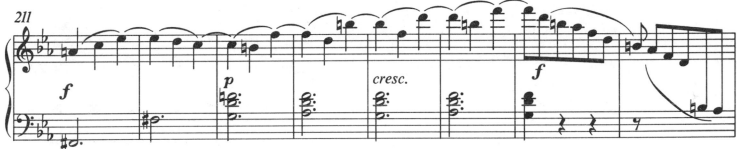

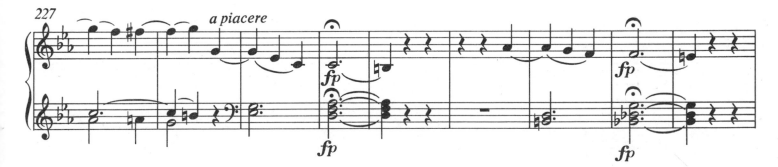

K 104

in tempo

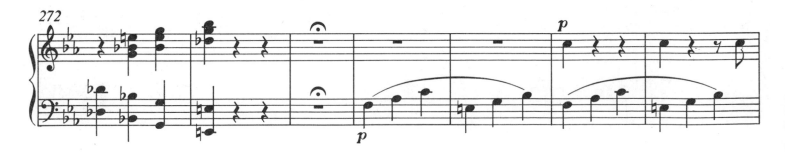

**44**

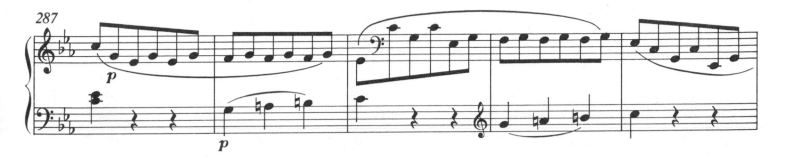

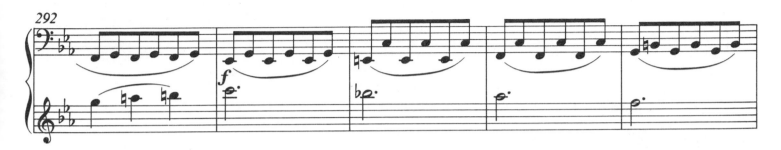

K 104

# Sonate in F

Allegro & Andante: KV 533
Rondo: KV 494

KV 533: Wien, 1788
KV 494: Wien, 1786

**Allegro**

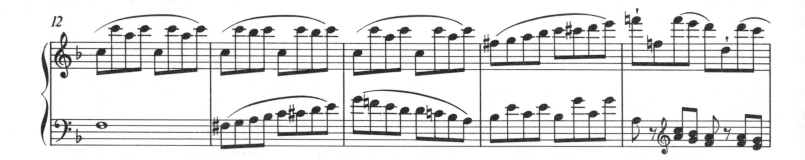

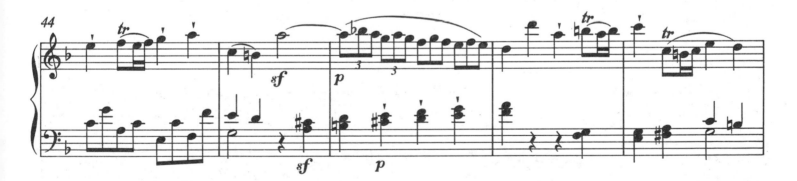

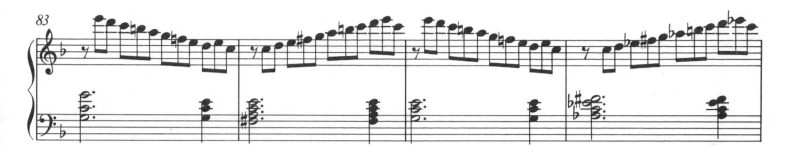

K 104

**52**

K 104

K 104

**Andante**

K 104

# Rondo
**Allegretto**

62

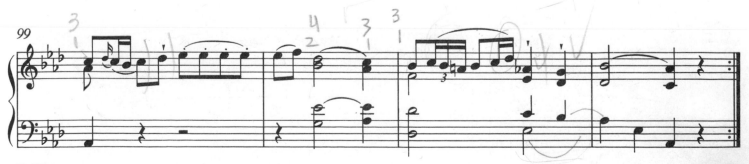

K 104

# Sonate in C

## KV 545

Allegro

Wien, 1788

**Andante**

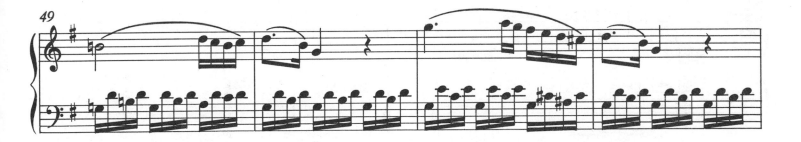

78

## Rondo
**Allegretto**

# Sonate in B

## KV 570

Wien, 1789

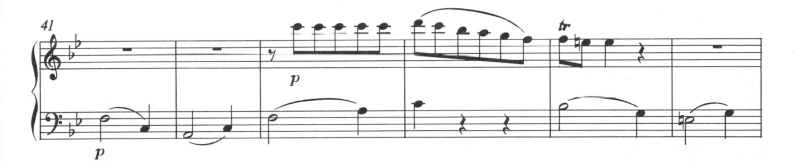

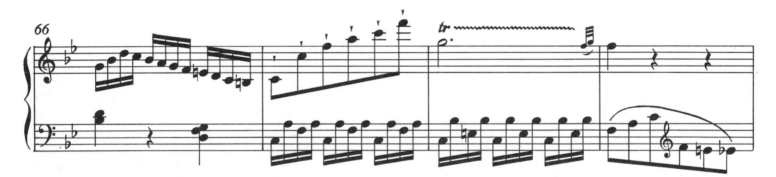

**84**

K 104

87

Adagio

K 104

90

**Allegretto**

K 104

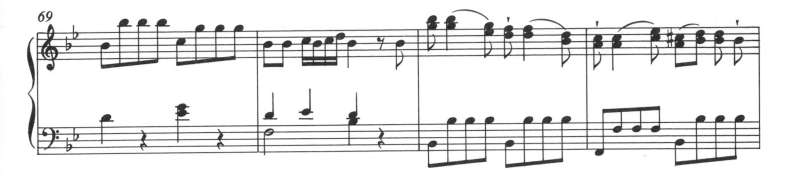

# Sonate in D

## KV 576

**Allegro**

Wien, 1789

K 104

K 104

K 104

**Allegretto**

K 104

K 104

K 104

# Fantasien

# Präludium (Fantasie) und Fuge in C

## KV 394 (383ᵃ)

Wien, 1782

K 104

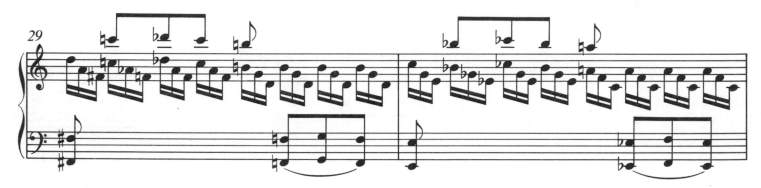

**Primo tempo**

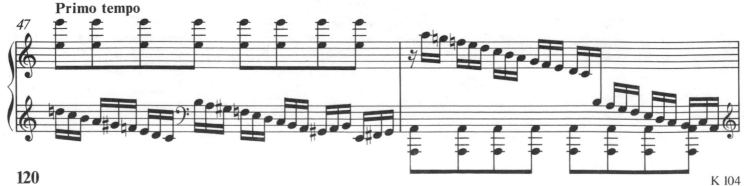

# Fuga

**Andante maestoso**

**Adagio**

# Fantasie in d

## KV 397 (385$^g$)

Wien, 1782

**130**

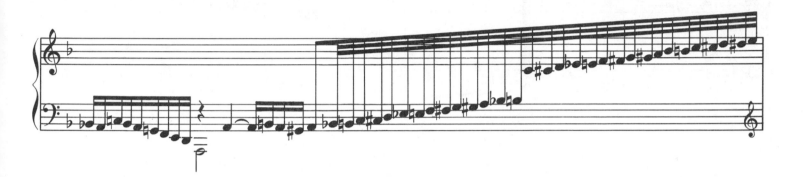

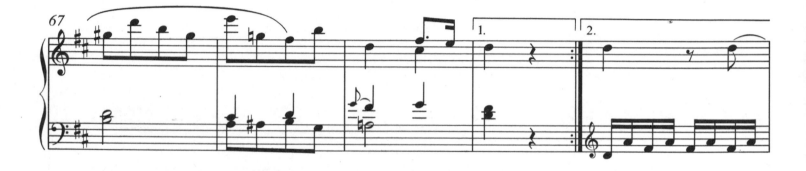

**132**

# Fantasie in c

## KV 475

Wien, 1785

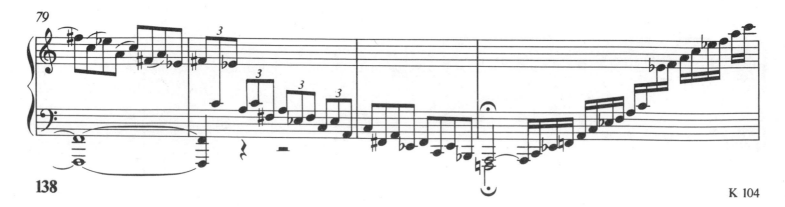

**138**

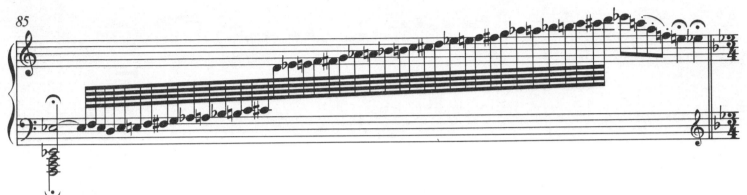

**140**

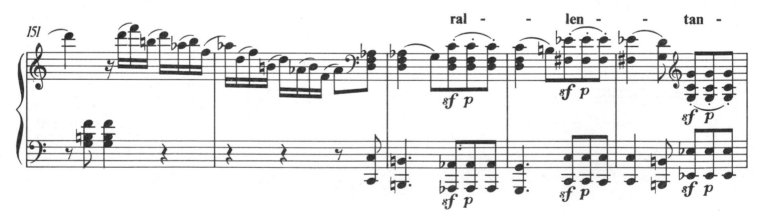

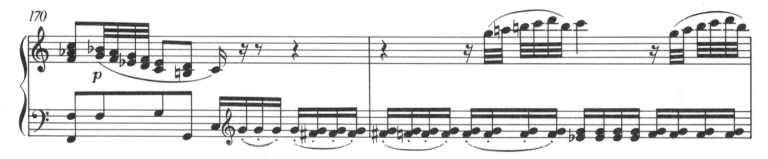

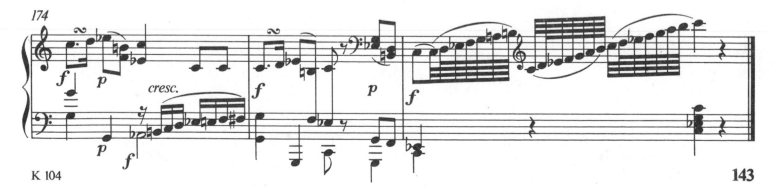

# Rondi

# Rondo in D

## KV 485

Allegro

Wien, 1786

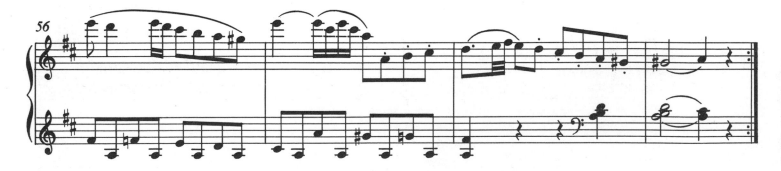

**148**

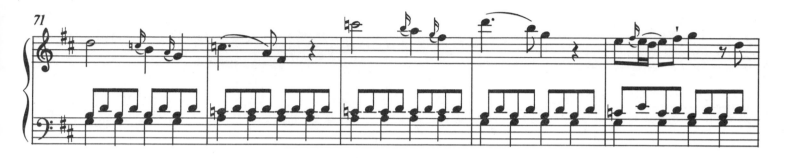

K 104

**150**

**152**

# Rondo in F

(Erstfassung – First version – Première version)

## KV 494

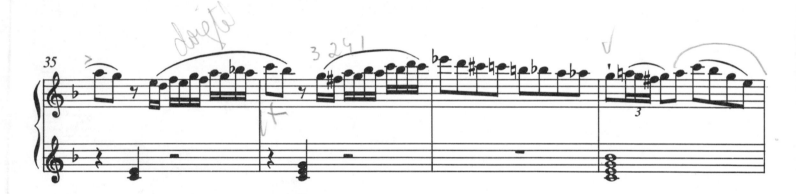

**154**

**156**

**158**

# Rondo in a

## KV 511

Wien, 1787

**Andante**

K 104

K 104

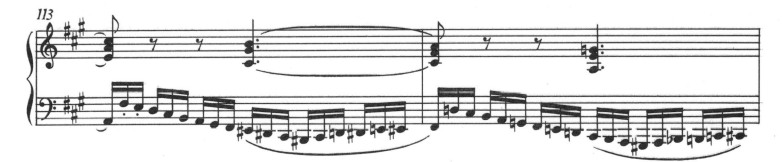

K 104

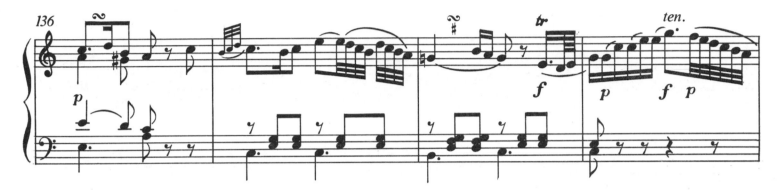

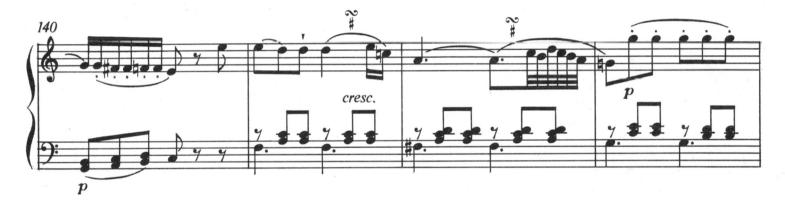

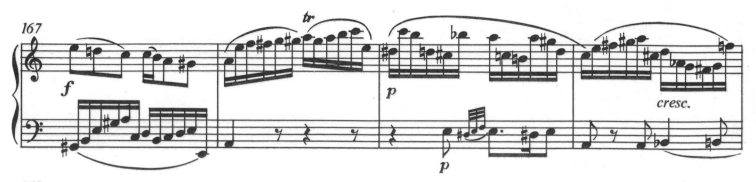

**168**

K 104

© 1993 by Könemann Music Budapest Kft. · H-1027 Budapest, Margit krt. 64/b.

K 104/3

Distributed worldwide by
Könemann Verlagsgesellschaft mbH · Bonner Str. 126, D–50968 Köln
Responsible co-editor: Tamás Zászkaliczky
Production: Detlev Schaper
Technical editor: Dezső Varga
Cover design: Peter Feierabend
Engraved by Kottamester Bt., Budapest:
Balázs Bata, Eszter Csontos, Zsuzsanna Czúni, Mrs E. Korona

Printed by: Kner Printing House Gyomaendrőd
☎ (36) 66/386-172
Printed in Hungary
ISBN  963 8303 01 8